Kay Ganahl
Ute Mrozinski

Der Gedankenkasten.
Philosophie im Dialog

Prosaminiaturen und Bilder

Bibliografische Information der Deutschen Nationalbibliothek

Die Deutsche Nationalbibliothek verzeichnet diese Publikation in der Deutschen Nationalbibliografie; detaillierte bibliografische Daten sind im Internet über http://www.dnb.ddb.de abrufbar.

Herausgabe, Korrektur: Kay Ganahl

Layout: Kay Ganahl; anfangs Ute Mrozinski

Idee zum Buch: Cornelia Gellwitzki-Müller

© 2019 Ganahl, Kay; Mrozinski, Ute

Herstellung und Verlag: BoD – Books on Demand, Norderstedt

ISBN: 9783749482542

Inhalt

I. Vorweg

Ein Vorwort:

Der Gedankenkasten.

Philosophie im Dialog

Buch mit Prosaminiaturen und Bildern

geschrieben von Kay Ganahl

„D e r Gedankenkasten. Prosaminiaturen" (2018)

Was lässt sich kurz mitteilen, ohne dass Inhalt verlorengeht? Diese Frage beschäftigt sicher jede Schriftstellerin und jeden Schriftsteller. Denn immer muss es primär um den Inhalt, die Aussage gehen, um den Leser gut mit allem Wesentlichen zu erreichen.

Schon länger hatte ich, Kay Ganahl, ein Buch oder/und eBook mit kurzen, aber treffend inhaltstiefen und verständlichen philosophisch inspirierten Texten im Bereich des Aphorismus im Auge. Alles ums Gedicht ist natürlich auch geeignet, oben Genanntes ins Werk zu setzen, doch mir ging es nun endlich einmal um den Fließtext, der sehr kurz gehalten wird. Die Prosaminiatur - die etwas längere Form des Aphorismus - schien mir besonders geeignet zu sein.

Die Lesung in Monheim/Rhein

Die öffentliche Veranstaltung „Der Gedankenkasten. Philosophie im Dialog" fand am 31.3.2019 als Matinee in der Bibliothek Monheim am Rhein statt. Veranstalter war der Förderverein ProLiteratur dieser städtischen Bibliothek, dessen Vorsitzende Frau Gellwitzki-Müller die Idee zur „Lesung mit Diskussion" hatte, sie auch organisierte. Später hatte sie auch die Idee für das hier vorliegende Buch.

Ein Dialog fand dann insofern statt, als die Monheimer Autorin Ute Mrozinski auf zehn von mir vorher ausgewählte Miniaturen aus dem Buch literarische Antworten vortrug, so dass es während der Veranstaltung nicht nur zu einem Austausch zwischen uns beiden kam, sondern auch uns beiden und dem Publikum. Das Publikum konnte annähernd optimal eingebunden werden. Es wurde diskutiert.

Das vorliegende Buch

Dieselben zehn Prosaminiaturen plus Antworten Ute Mrozinskis werden im vorliegenden Buch dem Leser präsentiert.

Es wird dem geneigten Leser deutlich, dass Ute Mrozinski mit ihrer geistigen Rasanz des Ausdrucks, auch mit der Bildhaftigkeit ihrer geschriebenen und dann vorgelesenen Miniaturen ganz Eigenes zustande gebracht hat. Hier sprüht ein unabhängiger Geist vor Leben.

Oft geht es in den in diesem Buch versammelten Texten um prägnant ausformulierte Gedankenwege Ganahls, auch und gerade Probleme aufgreifend, die so ihren kurzen inhaltstiefen Ausdruck erlangt haben. Dabei wird um die möglichst klare und verständliche Aussage - philosophisch und prosaisch nicht selten im Hinblick auf Alltägliches und Politisches aus der bundesdeutschen Realität - gerungen. Wovon sich Ute Mrozinski ja eben inspiriert fühlte.

Natürlich soll das vorliegende Buch viel mehr sein als die Veröffentlichung dieser *zehn plus zehn* Prosaminiaturen auf dem Wege des Drucks!

Denn diese Werke sind um einige neue Text- und Bild-Werke erweitert worden. So ist mit „Der Gedankenkasten - Philosophie im Dialog" ein Buch entstanden, zu dem digitale Bilder Ganahls gehören, die thematisch und inhaltlich Erweiterungen zu der Gedankenwelt (und auch Gefühlswelt!) darstellen, welche während der Monheimer Lesung auflebte.

Autorin und Autor dieses Buches haben zusätzliche Texte geschrieben, die bereichern.

Kay Ganahl schrieb weitere Prosaminiaturen, die in drei voneinander abgegrenzten und auch so betitelten Teilen zu dem einen großen Thema je ein philosophisch-prosaisches Eigenleben entwickeln. Alles ist angenehm kurz, malerisch und gedankenklar. Und, ja, alles problematisiert das große Grundthema Freiheit! Neben der Freiheit liegt auch schon die Unfreiheit. Jeder Teil ist bebildert mit inhaltsnahen digitalen Werken Ganahls.

Ute Mrozinskis neue Texte bestechen durch ihre enorme Lebendigkeit, um nicht zu sagen Aggressivität. Sie sind ausdrucksstark, in ihrer Buntheit gut zu verstehen. Es wird gerade auch das Universum als eines der großen Grundthemen unseres Zeitalters aufgegriffen. Besonders ist hierbei auch, dass Ute Mrozinskis Ehemann Albert Mrozinski einige Fotos - astronomische und Fotos aus der Welt der Tiere - diesem Buch beisteuerte. Ihm sei an dieser Stelle gedankt.

Ein Bericht:

Lesung mit Diskussion

in Monheim am Rhein

von Kay Ganahl

Für das musikalische Intermezzo am Piano sorgte Frau Spiridanov. Die Bilder der begleitenden Ausstellung in der Bibliothek kamen von Ute Mrozinski und Kay Ganahl.

Ich habe das Buch „D e r Gedankenkasten. Prosaminiaturen" geschrieben. Die in ihm kapitelweise gesammelten Prosaminiaturen sind einfach Spiegel, die in der Literatur entstehen, um der Gegenwartsgesellschaft zu zeigen, wie sie wirklich ist - wie sie auch werden könnte.

Kritisches Reflektieren „auf den Punkt gebracht" ist das, worum es bei Prosaminiaturen geht: Ein Lebensaspekt wird aufgegriffen, um in wenigen Sätzen benannt und kritisch beleuchtet zu werden. Damit wird eine der zahlreichen Aufgaben erfüllt, die AutorInnen in unserer Zeit haben, nämlich *Gebliebenes, Gegebenes* zu sehen und zu kritisieren, aber auch zukünftig Mögliches aufzuzeigen.

Der Aspekt der Zeit ist dabei wichtig. Wir leben in einer Rasanz des Gegenwärtigen, die so noch nie dagewesen ist. Auch die Freiheit, insbesondere die politische, ist wichtig! - Was gekommen ist, geht auch wieder, verschwindet im Schlund der Zeit?!

Nun, ich finde jedenfalls, es ist an uns AutorInnen, dieser Tendenz mittels unserer literarischen Kreativität entgegenzuwirken. Was gekommen ist, darf nämlich durchaus bleiben. Wir können entscheiden und auswählen! Gewissermaßen als „geistige Avantgarde" in und mit der Literatur können wir einem wahllosen Kommen und Gehen, das dem brutal wirkenden Zeithorizont unterworfen ist, erfolgreich entgegenwirken.

Jeder steht als Kreativer für sich allein, aber eben auch für die Anderen, mit den Anderen. Es gilt, sich für die wichtige Entwicklung von Gedanken die erforderliche Zeit zu lassen. Zu entschleunigen ist wohl sinnvoll. Den Zeithorizont sollten wir - nicht nur als Kreative - human zu dominieren lernen.

Autorin und Autor, ob progressivem Denken verbunden oder nicht, sollten sich auch und gerade dem verpflichtet fühlen, was bleiben muss: Das sind *die* literarischen Werke, die das in aller Selbstverständlichkeit aufgrund ihrer kritischen Intelligenz und Fantasie verdient haben. Sie müssen ruhig und in die Tiefe ihre je eigene literarische und soziale, vielleicht gar politische Wirkmacht entfalten. Dazu gehört jedwede Form von Erfolg.

Dies kann sich nicht einfach so ergeben, indem ein Print oder eBook auf den Markt kommt. Erfolg braucht Engagement! Der Werkverfasser muss kontinuierlich und ganz hartnäckig am Vermitteln des Buchinhalts arbeiten, dabei für alles offen sein, - ständig Leser und Zuhörer suchen und finden.

Deshalb war es schön, dass Frau Cornelia Gellwitzki-Müller von *ProLiteratur* (Vorsitzende des Fördervereins *ProLiteratur* der Monheimer Stadtbücherei) letztes Jahr auf die Idee kam, den „Gedankenkasten" auch in der Monheimer Stadtbücherei lesen zu lassen, so dass ein Publikum auf die Prosaminiaturen unmittelbar reagieren konnte. Ein Event musste entwickelt werden.

Dies haben wir gemeinsam getan. Ute Mrozinski, Autorin der Science-Fiction und der Kriminalliteratur, gesellte sich dazu. Sie wurde während der Veranstaltung, der Matinee am 31. März 2019, aber nicht zu einer Kontrahentin, sondern zu einer beispielhaft Mitwirkenden, der es darauf ankam, thematisch-inhaltlich das höchst Eigene zu lesen und dadurch den Zuhörern zu vermitteln. Die dann auch mitdiskutierten. Sie „klinkten" sich ein.

Dies war an diesem Sonntagvormittag besonders: *Die geistige Lebendigkeit im Austausch von jedem mit jedem.* Autorin und Autor lasen abwechselnd zehn Beiträge aus eigener Feder. Ich hatte meiner Kollegin Ute Mrozinski eine Auswahl von Prosaminiaturen aus dem „Gedankenkasten" zukommen lassen, auf die sie mir dann mit Eigenkreationen während der Veranstaltung mit großer Ausdruckskraft antwortete. Es war dies aber kein abwechselndes Vorlesen - vielmehr Lebendigkeit pur! Interessierte, engagierte Gäste sind das Non Plus Ultra jeder Lesung, die auch auf die Erfolgschance der Interaktion baut. Und das war ja hier der Fall!

Geistig-literarischer, auch einfach argumentativer Austausch fand zwischen den beiden AutorInnen und natürlich - sogar meistens sehr spontan! - mit und unter den Gästen statt. Eine „Lesung mit Diskussion" ist eben nichts anderes als ein Schritt, mit literarischen Werken, also mit literarischen Gedanken an die Öffentlichkeit zu gehen.

Gedanken lassen sich nicht immer einfach und schnell in literarische Texte verwandeln, auf Papier bannen. Konzentriertes Arbeiten ist erforderlich. Und gerade Kontemplation bei dem, der schreibt, ist am sinnvollsten, wenn sie von Zeit zu Zeit direkt nach außen treten kann. Die Texte können dann den Menschen face-to-face lebendig und deshalb verständlich vermittelt werden. Wird dies dauerhaft praktiziert, so gibt es zahlreiche Chancen, um literarisch und gesellschaftlich wirkmächtig zu werden.

Ute Mrozinski und Kay Ganahl sind aktive Mitglieder im Freien Deutschen Autorenverband, Landesverband Nordrhein-Westfalen.

Folder und Plakat zur Veranstaltung in Monheim am Rhein (2019)

Pro Literatur

Freunde der Stadtbücherei Monheim am Rhein e.V.

Literarische Matinee

Der
Gedankenkasten
Prosaminiaturen

Philosophie im Dialog

mit Kay Ganahl
und Ute Mrozinski

(Ute Mrozinski bezieht Stellung)

Am Sonntag,
dem 31. März 2019, um 11:00 Uhr,
sind Sie herzlich in die Bibliothek Monheim,
Tempelhofer Straße 13
eingeladen.

- Eintritt frei -

Grafik: Cornelia Gellwitzki-Müller; Text: Kay Ganahl

Vorbemerkungen zum Buch

A Kay Ganahl

Wir haben uns zusammengetan, um Neues zu schaffen.

Das vorliegende Buch ist neu und eben besonders - und das soll es sein! Der Fokus unserer Erwartungen liegt keineswegs auf dem Erfolg auf dem Büchermarkt! Sondern es geht um das Miteinander angesichts von zwei höchst unterschiedlichen Autorenpersönlichkeiten, die das geschriebene Wort sehr ernst nehmen.

Der gute Weg des „Büchermachens" ist das Ziel, welches nun ja auch erreicht worden ist.

Ich bin in meinem Gesamtwerk eher auf die Gesellschaft der Gegenwart mit ihren Problemen ausgerichtet, meine geschätzte Kollegin Ute Mrozinski -

mit ihrer großen Fantasie - auf das, was uns Menschen oft befremdlich stimmt: Die Zukunft. Die Fremde des Kosmos! Fantasy. Science-Fiction. Dazu kommen ihre Psycho-Thriller. Und sie weiß, dass die Vielfalt der literarischen Form die Leserschaft optimal bereichern kann. Auch in ihrem Werk spiegelt sich unsere Gesellschaft wider.

Ute Mrozinski und ich sind Kreative, dem Freiheitsdenken verbunden. Jeder hat fürwahr seinen eigenen Weg als Autorin, als Autor genommen. Die Zeiten, in denen wir leben, sind einfach danach, auch Gegensätzliches miteinander zu verbinden! Kein Wunder, dass wir zusammen dieses Buch gemacht haben und veröffentlichen.

Alsbald kam ich übrigens auf die Idee, im Buch einige Bilder aus meiner Zeit als „digitaler Kunstschaffender" den während der besagten Matinee-Lesung vorgelesenen Prosaminiaturen zuzuordnen. Diese reflektieren, vor einigen Jahren am Personal-Computer entstanden, meine Prosaminiaturen im Bildlichen recht gut, meine ich. Bunte, ungebändigte Reflektoren der Texte. Dabei sind sie oft viel eher wirre

Schauspiele der Farben, als ein konstruktiver „reflektierender Kommentar" zu den Miniaturen. Spontanität des kreativen Vorgehens ... Schöpferdrang, der sich offen in vielen Richtungen ausbreitet.

Meine drei neuen, ziemlich philosophischen Werke aus „III. Teil: Neues, Ergänzendes mit Bildern" haben die Freiheit des Menschen zum Thema, etwas mich in meinem Leben immer wieder Bewegendes. Es erfüllt mich der Gedanke daran, unsere Gesellschaft wirklich in der Freiheit zu wissen.

Die Vielfalt der Gedankenwelt soll dabei möglichst hilfreich sein! Ich habe auch diesen Prosaminiaturen eigene digitale Bilder zugeordnet. Und, es sei mitgeteilt: Ein wissenschaftliches Buch zum Thema Freiheit ist „in der Mache". Dass viele beharrende gesellschaftliche Mächte und Kräfte sich gegen den individuellen und den kollektiven Willen zur Freiheit stemmen, ist leider gar nichts Neues.

B Ute Mrozinski

Lieber Leser …

Zum zweiten Teil "**Schlagabtausch**" im vorliegenden Buch hat sich mein geschätzter Kollege Kay Ganahl schon geäußert.

Deshalb nur so viel!

Schlagabtausch ist eine Art Ping-Pong-Spiel, bei dem wir uns wortmäßig, der eine den anderen ergänzend, die Bälle zuschmeißen - für das Buch bereichert um die Texte 11 - 13.

In „III. Teil: Neues, Ergänzendes mit Bildern" befinden sich Prosa-Texte, die jeder für sich stehen, aber in ihrer Aussage nicht minder klar und treffend sind.

Während Kay Ganahls Texte eher scharf beobachtete, soziologisch/psychologische Studien sind, habe ich in diesem Teil die Probleme unserer Zeit in Form von kurzen, treffenden Gleichnissen und Fabeln gebracht.

Doch lesen und urteilen Sie selbst.

Meinen Texten zugeordnet, und tlw. auch eine eigene Geschichte erzählend, sind die Naturfotografien meines Mannes Albert Mrozinski.

Viel Spass beim Schauen und Lesen wünscht,

Ute Mrozinski.

II. Prosaminiaturen:

Schlagabtausch

Miniaturen

Nr. 1 - 10 (Veranstaltung in Monheim am Rhein)

Mit neuen digitalen Bildern von Kay Ganahl

l **Kay Ganahl**

Schlüssel zum Erfolg

Kay Ganahl

Schlüssel zum Erfolg

Eigentlich ist im Bereich des Politischen (und nicht nur dort!) nichts ohne die durchzusetzen, die sich lange genug innerhalb der jeweils speziellen politischen Rahmenbedingungen, in kleinen sozialen Zusammenhängen, aufgehalten haben. Die auch Erfolge feiern konnten, Positionen ergatterten und länger hielten. Ein Neuling muss sich an ihnen orientieren. Er hat nur Chancen, wenn er zu ihnen Beziehungen knüpft!

Ute Mrozinski

Wer hat den Schlüssel?

Der Neuling auf der Leiter …

Radfahrer/Anbiederer? Menschlicher Abfallbeseitigungssystembegeher?

Was soll erreicht werden? Glaube ich nur, so etwas erreichen zu können?

Will ich Macht, Geld, Anerkennung? Ist mein zweiter Vorname Ego? Möchte ich soziale Missstände beseitigen? Wie kam der Erfolgsmensch an dem ich mich orientiere, in dessen Dunstkreis ich mich bewege, zu seinem Erfolg?

Erfolg ist nicht grundsätzlich schlecht. Erst durch seine Leichen bekommt er diesen schalen Beigeschmack. Macht korrumpiert, oder? Die menschliche Spezies ist eine finstere Art.

2   **Kay Ganahl**

Kurz vor dem Scheitern

Kay Ganahl

NIEMAND IST VOR DEM SCHEITERN SICHER!

Gut, richtig, böse, falsch - ... was so durcheinander-wirrt. Die Schatten des menschlichen Geistes liegen auf demjenigen, der politisch verantwortlich ent-scheidet. Er muss aber so tun, als wäre alles in Ordnung. Diese Schatten liegen auch auf allem, durch welches er überhaupt erst zum Entscheider geworden ist. Es scheint, das Böse ist die große Le-bensdominante. Doch man will auch das Gute fühl-bar und denkbar wissen! Aus der Vergangenheit herausgezogen, wird alles erfahrbar Gegenwärtige zur Krux für eine Zukunft, die durch individuelles Entscheiden, quasi napoleonisch, gestaltbar zu sein scheint. Das bedeutet, niemand ist vor dem Schei-tern sicher!

Ute Mrozinski

Das Drei-Affen-System

Ja – Gutes tun, Richtiges entscheiden, Böses meiden, Falsches schneiden.

Wie war das noch mit den drei Affen? Wer sich hinterm Ofen aufhält und duckt, dem wird nicht kalt, der bekommt auch nicht die Torte ins Gesicht! Sollen sich doch andere beschmeißen lassen, wir können ja eh nichts tun!

Doch – meide ich dadurch die kalten Schatten? Oder werden die Schatten sogar dunkler, wenn ich nicht entscheide? Gar nichts entscheide? Jeder Krieg ist individuell entschieden worden.

Doch Wahrheit ist auch, jeder Krieg konnte nur deshalb entstehen, weil eine Mehrheit eben nicht entschieden hat. Und das wiederum bedeutet - **Scheitern.**

3   **Kay Ganahl**

Arbeit, Zeit, auf dem grünen Pfad

Kay Ganahl

Die ARBEIT, die ZEIT

Arbeiten, Arbeiten, Arbeiten. Bleibt noch für anderes Zeit übrig?

Wenn nur nicht gearbeitet werden müsste ..., es gäbe so viel davon - von der Zeit, die ein Einzelner die seine nennen kann! Die Arbeit frisst sie förmlich auf, was daran liegt, dass Arbeit als volkswirtschaftlich notwendig erachtet wird.

Der Einzelne kann dies nicht immer einsehen! Er möchte lieber „Freizeit" für sich haben, um sie nach Belieben zu verbringen; ohne unter Erwerbs- und Leistungsdruck zu stehen. Die Menschen gönnen ihren Mitmenschen das oft nicht einmal!

Ute Mrozinski

Stirbt die Zeit – stirbt der Mensch

Für frühe Menschenstämme war das "Arbeiten",
das Zusammenarbeiten notwendig um das gemein-
same Überleben zu organisieren. Das Überleben
war einfacher durch Zusammenarbeit.

Dadurch entstand ein gewisser Freiraum.

Dieser Freiraum mutierte zur Freizeit.

Frei-Zeit motivierte, befähigte dazu die schwere Arbeit des Überlebens auszuhalten.

Prinzipiell ist das noch immer so. Doch klammheim-
lich haben sich die Prioritäten verändert.

Es gibt die, die Freizeit haben, es gibt die, die Arbeit
haben, und oft noch nicht einmal das. Doch ohne
Arbeit, keine Freizeit. Gibt es beides nicht – stirbt
die Zeit, stirbt der Mensch.

4   **Kay Ganahl**

Kein Glück

Kay Ganahl

Kein Glück

Es ist manchmal kein Glück, ein Mensch zu sein:
Unzufriedenheit und Frustration fressen sich hinein,
wenn nichts so ist, wie es sein sollte. Große Enttäu-
schung.

Einst wurde es schön gedacht - Fantasie wirkte positiv. Dann kam die Konfrontation mit der Realität,
die die individuellen Möglichkeiten zahlenmäßig
schrumpfen ließ. Zuweilen schossen Gefühle hoch,
welche an „Endzeitstimmung" erinnerten.
Feindbilder bildeten sich und setzten sich im Kopf
fest. Wut richtete sich gegen bestimmte, als Feinde
wahrgenommene Menschen. Wut wird schnell zu
Gewalt, sofern nichts dagegensteht.
Selbstkontrolle ist dann vielleicht nur ein Wort.
Es gilt, zu deeskalieren, sobald es Opfer geben
könnte. Jedwedes Opfertum ist zu vermeiden.

Ute Mrozinski

Der Mensch! Große Hirne, große Geister?

Das erste Wesen mit Bewusstsein, das von sich weiß.

Ist das wirklich so? Weiß der Mensch von sich?

Wenn dem so wäre, dann wüsste er auch,

dass nicht alles was fremd ist, sein Feind ist.

Das Fehlen von Glück – Depression – lässt ihn sich minderwertig fühlen.

Hitze beginnt den Geist aufzufressen. Mensch braucht Blitzableiter, Fußabtreter und stolpert in die Schwärze des Hasses!

Wüsste er also von sich, dann würde er nicht Schwächere treten, sondern ihnen aufhelfen, mit ihnen zusammen **an**treten um das zu ändern was sie alle auf den Boden wirft.

Farblosigkeit, Maßlosigkeit, Egoismus und vor allem Gleichgültigkeit.

5 **Kay Ganahl**

Menschen hassen

Kay Ganahl

Zum Hass

Ich hasse. Ich bin. Ich hasse, weil ich bin.

Ah. Traurig ist dies, sollte gar nicht kommuniziert werden.

DIE DIESBEZÜGLICHEN ZEICHEN SIND IMMER ZU LESEN. ABER TEILEN SIE DIE WAHRHEIT MIT?

Es kann sein, dass ich wirklich an diese Zeichen geglaubt habe. Lange Zeit.

Heute: Ich bin kritischer denn je. Von wegen Zeichen und Wissen an sich: Eigentlich weiß ich ja kaum etwas, vielleicht nichts.

Wäre dies schlimm? Nein!

Ich glaube an mich selbst, und ich bin vermutlich ein sehr kritischer Mensch, wohl wissend, dass der Hass überall ist.

Ich sehe ihn in der Welt der Menschen und verachte ihn durchaus.

Er führt zu den schlimmen Lebenstatsachen, ist negativ-destruktiv.

Trotzdem wird er - wer weiß wie lange - Teil der menschlichen Existenz bleiben.

Denke immer wieder mal: „Ich hasse! Weil ich leben muss!" - Es handelt sich dabei lediglich um eine Annahme, die zu beweisen überhaupt nicht möglich ist, selbst wenn viele ernsthafte Bemühungen unternommen werden sollten.

Ute Mrozinski

Das fragile Gleichgewicht der Welt.

Gut und Böse – Schwarz und Weiß - Leben und
Tod – Freund und Feind!

Die Welt existiert nur im Gleichgewicht.

Jedes Ding, jedes Gefühl hat sein negatives Gegen-
stück.

Muss ich deswegen zum Fatalisten werden?

Nach dem Motto ist ja eh nichts dran zu ändern?

Bin ich nur gut, wenn ich das Böse zulasse, weil
sonst das Gleichgewicht der Welt gestört wird?

Oder wird das Gleichgewicht der Welt gestört, weil
ich das Böse zulasse?

Muss ich nicht immer vom Guten ausgehen um das
Böse sehen und dagegen ankämpfen zu können?

6   **Kay Ganahl**

Hab' gerade soviel Raum

Kay Ganahl

BEVÖLKERUNG mit RAUM - Ein Volk mit Raum!

Von ihm, diesem Raum, haben wir ja als Volk genug, denn wir sorgen dafür, dass alles, was uns hier und heute gegeben ist, effizient verwertet wird.

Diese Verwertung geht in die Tiefe, in die Details; umfasst sehr viel im alltäglichen Leben.

Wir leben mit dieser Effizienz, auch ihren nachteiligen Auswirkungen auf die Psyche des Einzelnen.

Er ist nicht immer glücklich mit seiner Arbeit und allem Tun, was an der Effizienz orientiert ist.

Das „Volk mit Raum" hat, was es braucht, um sich wirtschaftlich zu entwickeln. Der Raum ist so wichtig wie das Volk.

Der Staat hat über die gesetzlichen Grundlagen die Verfügungsgewalt und die Verteilungsmacht über den gesamten Raum!

Seine Vertreter wissen dies zu nutzen.

Immer wieder geht es auch um Ausdehnung nach innen und außen.

Ute Mrozinski

Was ist ein Volk?

Was ist ein Volk? Eine bestimmte Rasse? Gibt es das eigentlich, Rasse? Volk? Rassen gibt es schon mal nicht. Es ist wissenschaftlich gesichert, das es einfach nur Menschen gibt. Somit lasst uns vom Volk der Menschen reden. Damit könnte ich mich anfreunden. Aber natürlich, Tatsache, dieses Volk braucht Raum, dieses Volk braucht einen wirtschaftlich genutzten Raum um in Wohlstand und Frieden leben zu können. Braucht es das?

Seine Häuptlinge behaupten das – mit Macht und Geld! Doch das bringt ihnen nur kurzfristiges, vorgespieltes Glück und dem Volk gar nicht.

Es ist das Volk, das den Smog einatmet, das von Wasserknappheit getroffen wird, das unter dem erhöhten Meeresspiegel ertrinkt, dem die Lebensmittel knapp werden, weil Pflanzen verschwinden, Tiere aussterben. Wirtschaftlichkeit eben, Wohlstand, Frieden, Raum? Zum Schluss brauchen wir ihn nicht, weil wir uns erübrigt haben.

7 **Kay Ganahl**

Armer Hund, ohne Geld

Kay Ganahl

Das Geld

Kleinere oder größere Taschen … also kleine,

dunkle Räume, bergen so manches. Endlose Geld-

ströme ergießen sich manchmal aus ihnen – kaum

zu fassen!

Ich verprasse alles Geld schnellstens.

Ich liebe das sehr. Es ermöglicht freies, intelligentes

Handeln zu meinem materiellen Vorteil, doch auch

zugunsten meiner charakterlichen Entwicklung!

Von daher kann es für mich immer weitergehen.

Letzten Endes kann das zur inneren Erfüllung füh-

ren - zur Erzeugung einer extrem

angenehmen Räumlichkeit, die zwar imaginär ist,

aber trotzdem real.

Liebe mich sehr!

Ute Mrozinski

Spendierhosen

Industriemagnat spendet Geld für eine Schule in der dritten Welt, beste Ausstattung, gut ausgebildete Lehrer, Schulspeisung, Stipendien für begabte Schüler!

Drama, in den Nachrichten!

Die Schule wurde bombardiert, alles zerstört, es gab viele Tote, darunter Schüler und Lehrer!

Der grausame Krieg!

Der Industriemagnat schickt Leute, spricht auf einer Spendengala, sammelt Geld von illustren Gästen, Stars und Sternchen, lässt ein Krankenhaus bauen, holt die besten Ärzte, das Krankenhaus wird … bombardiert?

Es sind übrigens seine Panzer, seine Bomber die zerstören!

8   **Kay Ganahl**

Anders sein

Kay Ganahl

Die Anderen

Alles ist knapp. Besonders die Zeit. Sie liegt einem am Herzen, aber dies ist gespalten.

Und wenn andere darum bitten, dass ich ihnen meine Zeit schenke, muss ich fast platzen vor Lachen: DAS GEHT NICHT! Ich habe keine Zeit, jedenfalls nicht DAFÜR. Brauche ich speziell dies? Nein! Habe ich besondere Vorteile dadurch? Nein! Muss ich einem Menschen eine Gefälligkeit erweisen? Nein!

Kurzum, mir können die Anliegen des Anderen, der Anderen mehr oder weniger gleichgültig sein, so lange ich meine eigene verfügbare Zeit habe, mit ihr sorgfältig haushalte und immer auf cool mache …

Ute Mrozinski

Die Le (e) hre der Egonomie

Zeit ist Geld! Wenn Geld mal nicht Zeit ist, dann
habe ich sie auch nicht übrig.

Denn dann habe ich ja kein Geld um sie zu verbringen.

Wenn ich also Zeit aufwende um anderen Menschen zu helfen, wie auch immer, verliere ich beides.

Damit ist doch keinem geholfen.

Wenn sich also jeder um seine eigene Zeit, um sein
eigenes Geld kümmern würde, bräuchte kein
Mensch dem anderen zu helfen.

Die Probleme der Menschheit wären gelöst – oder?

9   **Kay Ganahl**

In Wahrheit ist es nur unsicher

Kay Ganahl

Die Wahrheit

Im Politischen weiß niemand etwas wirklich genau,
alle glauben (im Grunde nur mehr oder weniger);
stellen es aber so dar, als wären sie die einzig richtig Wissenden.
Die wahrhaftig Wissenden!
Der Streit um die Wahrheit basiert darauf. Ob es sie
überhaupt gibt, ist dabei noch, immer noch, durchaus fraglich.
Gerade die politische Wahrheit ist meist eher Be-
hauptung als ein Teil wissenschaftlicher Objektivität
aufgrund von erfolgreicher Forschung.

Ute Mrozinski

Wahrhaftig

Wir alle müssen uns zusammenschließen, um den Despoten zu stürzen.

Seine Feinde sind unsere Freunde, denn das Volk leidet unter ihm.

Unsere Konzerne müssen Waffen produzieren.

Denn die Rebellen müssen bewaffnet werden.

Zerstörung, verlustreiche Kämpfe, jahrzehntelang.

Endlich - die Freiheit? Hauptmann der Rebellen wird Präsident, vom Volk gewählt. Freie Wahlen werden abgeschafft …

10   **Kay Ganahl**

Gott und Götter

Wir glaubten, dass wir existieren,

weil es einen Gott gibt – oder vielleicht viele Götter.
Wirklich ist die Existenz vieler Trugbilder von größ-
ter Allmacht und Schöpferkraft.

Und wir sind es allerdings auch.

Ute Mrozinski

Albtraum

Giftige Nebel, erschweren das Atmen. Lärmende Krieger zerstören die Haut. Hitze erträkt, lässt Schweiß über den Körper fließen.

Sie erwacht, schüttelt sich.

Millionen Götter, werden abgeschüttelt.

Das blaue Juwel hat wieder Ruhe, Leben eine Chance!

Neue Prosaminiaturen

11 - 13

I I   **Kay Ganahl**

Zer-

Kay Ganahl

ZERBROCHEN …

sei längst das Vertrauen zueinander, auf das eine politische Beziehung aufgebaut werden könnte. Das ist weithin bekannt. Es wäre eine Beziehung von Bürger zu Politiker möglich gewesen, zu einem etablierten Politiker, der der kompetente Vertreter der Bürgerinteressen sein will. Eine solche Beziehung hätte ständig so unmittelbar wie möglich funktionieren müssen. Aber leider ist das Grundvertrauen zerbrochen! Wie es dazu gekommen ist …?! Der Politiker als ein Profi in der Politik hat längst das Image eines überbezahlten, faulen Intriganten und Kunglers, der vor allem zum eigenen Vorteil mit seinen Kollegen und Konkurrenten, oftmals im Halbdunkel, diverse Händel durchzieht.

Ute Mrozinski

Bei Einbruch der Nacht!

Schweigend, regungslos vor dem Fenster stehend, folge ich den Wolkenbildern.

Noch vor einem Lidschlag hatte die große, weiße Wolke am Himmel die Form eines Rednerpultes, hinter dem eine nebelhafte, geschlechtslose Gestalt stand.

Worte quollen aus dem Wolkenmund - "Wir liefern keine Offensivwaffen an kriegsführende, autoritäre Staaten!"

Doch schon beim zweiten Lidschlag begann die unheimliche Verwandlung!

Buchstaben vereinzelten, flockten aus, formten sich neu.

Wurden zu Panzern, ferngesteuerten Drohnen, brennenden Häusern, schreienden, fliehenden Menschen, die sich einer nach dem anderen in bleiche Skelette verwandelten.

Satzfetzen waberten dazwischen - "Arbeitsplätze sichern, bestehende Verträge erfüllen, Waffen zur Sicherung des inneren Friedens!"

Bild fließt auseinander, ballt sich erneut zusammen, wie zu einem riesigen Wattebausch, der sich mit einer blutroten Flüssigkeit vollzusaugen beginnt.

Dann treibt der Wind sie auseinander, und für einen kurzen Augenblick hängt die Vision am Himmel, das sich alles in blutige Tränen auflöst!

Dann sind es doch nur die letzten Strahlen der untergehenden Sonne, bevor die Nacht hereinbricht!

I2

Kay Ganahl

Parlamentarier

Kay Ganahl

ZUR POLITISCHEN MEINUNGSBILDUNG

Politische Meinungen dürfen nicht interessieren. Wie?!

Ich tue, was mir in den Sinn kommt! Die Gedanken rotieren. Wenn ich dann, irgendwann, den „großen Sinn" für mich gefunden habe, ja entdeckt, so verfolge ich diesen mit einiger Konsequenz. Ich handele demgemäß zielorientiert. Dann bin ich vielleicht sogar ziemlich engagiert, nebenher auch für meine Mitmenschen. Die Bereitschaft zum Kompromiss - auch im Politischen - beschränkt sich auf die Probleme, die sich im Alltag daraus ergeben haben, dieser Mensch mit dem starken Ich zu sein. Fakt ist allenthalben: Eingeschlagen ist der Weg! Ich fürchte mich nicht vor eigenen Fehlern, auch nicht vor denen der anderen Menschen. Fehler sind grundsätzlich kaum vermeidbar. Meinungen? Gerade auch die politischen Meinungen der anderen Menschen? Nun, sie interessieren theoretisch schon, aber in der Lebenspraxis müssen sie am Rand stehen, so dass nichts davon ablenken kann, Ziele zu erreichen, deren Erreichung subjektiv nützlich und wichtig ist. Diese Meinungen lassen einen durchaus kalt - zumal dann, wenn die Vernunftgrundlage fehlt. Klar, sie sind oft auch aus freiem Denken und Fühlen entstanden, doch mangelnde Empathie und der Verfolg des Eigeninteresses, dazu dann noch das Ressentiment und das Vorurteil, spielen bei dieser fremden Meinungsbildung eine viel zu große Rolle … schrecklich. Aber lasst sie doch ihre falsche, dumme Meinung kommunizieren, wenn sie denn meinen, dass es sein muss! Eine Diktatur der richtigen Meinung darf es nämlich keinesfalls geben. Die Vielfalt des Denkens und Meinens wäre allzu eingeschränkt, wenn nicht sogar unterdrückt.

Ute Mrozinski

Wahlrede der Meinungsmacherpartei

Ihre Meinung ist wichtig! Wir bilden sie. Popularität,
lässt uns mitmischen in Unternehmen, die uns
Spenden zukommen lassen. Die Partei sichert
Jobs, in denen sie arbeiten bis zum Umfallen, kaum
verdienen, sonst sinkt das Wirtschaftswachstum.
Unternehmen machen Verluste, entlassen Arbeiter.
Schuld daran ist nicht Gier, sondern Flüchtlinge. Besonders da, wo sie kaum vorhanden sind. Das ist ja
deren Raffinesse. Unruhestifter!

Rüstungsfirmen, Arbeitsplätze zerstören sie. Mit ihrem schalen Frieden, den sie in ihrem Land nicht
finden, übernehmen sie unsere Heimat.

Frieden ist Stillstand, Krieg bringt letztendlich den
Frieden!

Fällt die alternative Bombe, ist Ruhe auf dem Planeten. Dann sind wir auch tot? Niemals! Die Partei, die
auch der Konzern ist, hat sich auf einer Raumsta-
tion im Halo der Erde zurückgezogen. Luxus gesichert! Planet erholt sich, trägt wieder Leben, das in

der Lage ist zu gehorchen, dann fangen wir wieder an zu verdienen.

Der Parteiredner wird blass! Falsches Manuskript. Das ist die Wahrheit!

13 **Kay Ganahl**

Zwangsjacke, 1

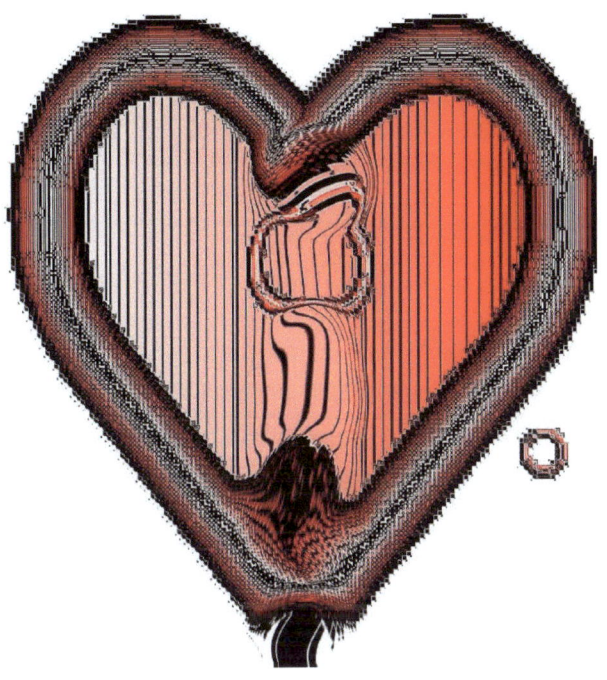

Kay Ganahl

Zwangsjacke, 2

Kay Ganahl

Zwangsjacke

Der einmal machtvoll aufgekommene Hass dominiert die Gefühlswelt völlig - ist wie eine innere Zwangsjacke, die man nicht ohne Hilfe loswerden kann. Die Menschlichkeit - also andere wie sich selbst anzusehen, mit Verständnis - schwindet. Und unter dem Druck des ständigen Hassen-Müssens gibt es bald nur noch eine aufs Minimum geschrumpfte Vernunft.

Ute Mrozinski

Selbstlosigkeit?

Wir laufen einem Selbstbild hinter her, dem wir nicht genügen können, sollten!

Vollkommen selbstlos sei der Mensch. Verzehren wir uns in der Liebe zu anderen, sind wir unser Selbst los, existieren wir nicht mehr. Wer soll dann noch hilfreich und gut sein?

Gequälte Zombies laufen durch die Welt, die nur helfen, weil eine obere Instanz es ihnen gesagt hat. Nehmen die Bedürftigen ihre Hilfe nicht an, weil sie bedrängt, nicht nützt, zerstört – kommt der Hass!

An der Stelle des menschlichen Selbst tritt die Bestie, die doch bekämpft werden soll.

Selbst-losigkeit! Bruder des Hasses?

III. Neues, Ergänzendes

mit Bildern

Ute Mrozinski

Kay Ganahl

Den

Finger

in

der

Wunde ...

Ute Mrozinskis klare, direkte
Aussagen

Mit begleitenden Fotos von

Albert Mrozinski

Winzige Teilchen ...

Glitzernde Regentropfen auf den Fensterscheiben,

wie leuchtende, blendende Lichtteilchen.

Ein winziger, verkleinerter Ausschnitt

des Universums.

Erschaffen aus dem Lebensspender Wasser, dem

Lichtteilchen eines Millionen Kilometer entfernten

Sterns, der Sonne heißt.

So könnten wir im Kleinen begreifen,

wie das Große aussieht.

Wäre es nicht angebracht,

wenn wir vom Kleinen im Großen begreifen,

was geschieht, wenn wir nur ein winziges Teilchen

herausnehmen?

Albert Mrozinski fotografierte

zu WINZIGE TEILCHEN …

„Sonne mit vielen Sonnenflecken". Copyright by Albert Mrozinski, 2015

Was ist Frieden ...

Die untergehende Sonne, das

Gutenachtgezwitscher der Vögel,

das Heimkehren am Abend, nach einer

befriedigenden, gerecht bezahlten Arbeit,

das Zubettgehen am Rande der Nacht, ohne sich

um das Erwachen Gedanken machen zu müssen.

Frieden heißt auch menschliche Zuneigung und

Wärme,

unverfälschte, saubere Natur,

Zugang zu ausreichender, gesunder Nahrung,

sauberes Wasser, Bildung für alle!

Albert Mrozinski fotografierte

zu WAS IST FRIEDEN …

„Libelle in den Baumberg-Urdenbacher Kämpen". Copyright by Albert Mrozinski, 2017

Was ist Krieg ...

Das Gegenteil all dieser Dinge!

Zerstörung, Verseuchung, Vernichtung!

Not und Elend, Hunger, Krankheit, Tod!

Krieg reißt Familien auseinander,

zerstört Sozialstrukturen,

ist in der Lage riesige Gebiete für lange Zeit

unbewohnbar zu machen.

Heutzutage sogar für immer. Dafür bedarf es nur

eines roten Knopfs, eines falschen Nickens,

eines falschen Zuckens des Zeigefingers,

und eines krankhaften Gedankens der durch den

richtigen Kopf zieht!

Krieg war schon immer ...

Hass, emotionale Kälte, Intoleranz, Unfreiheit,

Unterdrückung.

Krieg ist mit keiner Ideologie zu rechtfertigen.

Krieg ist eine Seuche, eine Geißel der Menschheit.

Er bringt nicht den Fortschritt sondern den

absoluten Stillstand.

Ohne Krieg, mit weltweiter Zusammenarbeit

wäre der Fortschritt in den

verschiedensten wissenschaftlichen Disziplinen

schon längst vorangeschritten.

Medizin, Technik, Weltraum.

Der Mensch würde das Sonnensystem durchqueren

und fremde Welten entdecken.

Er würde endlich lernen wie Leben entsteht und zu

erhalten ist.

Er wäre endlich ein Wesen das von sich und der

Natur der Dinge weiß.

Er würde leben und leben lassen.

Eine schöne Zukunftsvision.

Lasst sie Realität werden ...

Albert Mrozinski fotografierte

zu WAS IST KRIEG ...

„Graureiher frisst Fisch. In den Kämpen". Copyright by Albert Mrozinski, 2019

Das kalte Schwarz der Seelen …

Ein Albtraum der keiner ist

Information an alle ...

selbst ernannten Helden der Straße.

Es gibt tatsächlich Kriege auf der Welt!

Es gibt tatsächlich Tyrannen!

Menschen, fliehen nicht aus Spaß.

Doch der Meister Tod nimmt kuriose Umwege.

Er liefert Kampfpanzer von Deutschland nach Katar.

Todbringende Monster aus Stahl tauchen plötzlich auf.

Im Jemen, in Syrien, zwischen den mörderischen

Horden des IS

Menschen – fliehen vor dem Unmenschlichen nach

…

Dämmert es jetzt?

Information an alle …

selbst ernannten Freiheitskämpfer!

Terroristen verbergen sich nicht auf

abgewrackten Schiffen.

Kein Islamist setzt sich auf einen maroden

Seelenverkäufer,

immer in Gefahr zu ertrinken, nicht anzukommen.

Nur Verzweifelte tun das.

Verzweifelte, die gerade vor denen fliehen, für die

sie von manchen

Zeitgenossen gehalten werden.

Wo warst du Europa? Friedensengel!

Ich höre ...

Stimmengewirr in einer Fluchtburg.

Lachen, Weinen, Diskussion, Freude, Zorn,

MENSCHEN!

Hoffnung auf Leben in einer Welt,

ohne Bomben,

ohne Blut,

ohne Folter, Unterdrückung

ohne Tod und Leid.

Ich sehe ...

Huschende Schemen in der Kälte der Nacht.

Schwarze Gespenster

mit Strumpfmaske und Sehschlitzen.

Weißer keuchender Atem dringt aus ihren Mündern,

ballt sich zu einer nebelhaften weißen Wolke

zusammen,

die sich in weniger als einer Sekunde auflöst.

Ist es ihr Gehirn das sie dort ausatmen?

Ist es ihre Seele, die sie dort ausatmen?

Die sich in kalte, schwarze Schatten verwandelt?

In Schatten

des Unverständnisses,

der Uninformiertheit

der Einseitigkeit,

der Angst,

des Hasses!

Und der hebt jetzt seine Arme.

Wie abgeschossen, von einer Feuer speienden
Krake,

fliegen Molotowcocktails durch die Dunkelheit.

Knallende Explosionen,

prasselnde Flammen,

giftiger Rauch, schreiende Menschen!

Feuerwehr – Polizei – Menschenansammlung.

Friedliche Demonstranten grölen,

behindern die Rettungsmaßnahmen.

Polizei tut nichts.

Schützt die friedlichen Demonstranten.

Verhaftet Fliehende, die

aus dem brennenden Haus stürmen.

Sie seien aggressiv geworden,

hätten zur Eskalation beigetragen!

Albtraum, Albtraum!

Schweißgebadet fahre ich aus den Kissen hoch.

Sonne dringt durch die Übergardinen.

"Denk ich an Deutschland!"

Wecker geht.

Endlich – Realität!

Meine Damen und Herren,

sie hören die Nachrichten…

In Bautzen brennt ein Flüchtlingsheim.

Eine grölende Menge behindert

die Löscharbeiten! Die Polizei…

Mir wird kalt. Es geht los!

Albert Mrozinski fotografierte

zu DAS KALTE SCHWARZ DER SEELEN …

„Orionnebel M42". Copyright by Albert Mrozinski, 2018

Keines Menschen Fuß

Echsolutionstheorie

Eine düstere Zukunftsfabel!

Multiversum – Gravitationskollaps – Urknall – Raum
– Zeit – Raumzeit – vergehen – werden – neues
Universum – neue Strings und Dimensionen – Sein
- Ich.

Ich bin, reiner, uralter Geist.

Psi-onen! Existenz vom Anbeginn der Zeit!

Entstanden in der ersten Nanosekunde

des Universums.

Ich bin. Wer bin ich? Ich schlafe. Ich träume.
Unzählige Existenzen, unzählige Träume. Ich. Bin.
Der ewige Träumer!
Erst wenn ich erwache, erfüllt sich mein Schicksal.

Erst dann bin ich wirklich, angekommen.

Noch träume ich. Was träume ich?

Wen träume ich?

Ich träume – den Traum eines Planeten,

vor sechzig Millionen Jahren!

Ich bin - ein blaues Juwel, ein grünes Paradies.

Regenwälder, Grasland, unüberschaubar groß,

mit üppiger Vegetation.

Ein feucht-warmes Klima in tropischen Ausmaßen.

Doch etwas ist nun anders.

Der Regenwald endet abrupt.

Ein Teppich von

abgeknickten, zerstückelten

Baumriesen,

faulenden tropischen Pflanzen,

Araukarien, Magnolien, Papyrus, Palmen,

bedeckt ein riesiges Gebiet.

Das ist nicht das Werk eines

zerstörerischen, heftigen Orkans, wie er in diesen

Zeiten oft vorkommt.

Nein es ist schlimmer.

Lautlos, unheimlich, gleiten Monstern ähnliche

Gebilde aus massivem Stahl

durch ein Feld der Zerstörung.

Kastenartige Würfel,
einen Meter über den Boden schwebend,
fahren lange, stabile Rohre aus,
fräsen mit bläulichen, gebündelten Strahlen
eine Schneise in das dichte Farbenmeer
der Pflanzen.
Desintegrator-Fräsen im Einsatz.
Im Hintergrund wenige Kilometer entfernt,
eine dicht zusammengedrängte Stadt.
Die Bewohnerzahl dieser Stadt wächst ständig,
beansprucht Raum,
verdoppelt sich innerhalb kürzester Zeit.
Ein Volk in der Blüte seiner Zivilisation und doch
schon wieder auf dem absteigenden Ast,
überschwemmt den Planeten.
Sie lassen sich kaum noch Luft.
Der Platzmangel, die Überbevölkerung, zwingt sie
über den Planeten hinaus zu schwärmen, macht sie
zu rücksichtslosen Kriegern.

Diese hochintelligenten Lebewesen existieren
schon lange.
Sie verweisen auf eine Millionen Jahre alte Historie.
Ihr Drang sich weiter zu entwickeln,
neue Fähigkeiten, neue Möglichkeiten
für ihr Überleben zu finden,
lässt sie überhaupt so weit kommen.
Doch ihre Dekadenz, ihre Arroganz,
macht nun alles wieder zunichte.
Ihre Geschichte wird enden,
wie ein plötzlich abgebrochener Zweig
im Stammbaum der Evolution.
Alles was wir hier lesen, ist nicht nur der Anfang,
sondern auch schon das Ende der Geschichte!
Alles, was sie hinterlassen,
ist ein schwierig zu lesender Fußabdruck
in der Geschichte des Lebens.
Es ist keines Menschen Fuß!
Oder doch?

Albert Mrozinski fotografierte

zu KEINES MENSCHEN FUß …

„Sterne der Plejaden M42". Copyright by Albert Mrozinski, 2018

Schlafende Riesen …

Geschuppte, gepanzerte und gefiederte Lebewesen, vor mehr als hundert Millionen Jahren - von fünfzig Zentimeter, über drei Meter, bis zu zwölf Meter lang, durchwanderten eine Landschaft von Ginkgo-Bäumen, Araukarien, riesigen Palmfarnen.

Das Klima des Planeten war trocken und warm.

Pflanzenfresser, die von Fleischfressern dezimiert wurden, die sich wiederum bei der Jagd um Beute, die besten Reviere, die produktivsten Weibchen, alles gegenseitig streitig machten.

Fressen, gefressen werden, zeugen, schlafen, Nestbau, Eierlegen.

Das war das Leben dieser Riesen.

Ihr Leben war ein langer Schlaf.

Sie schliefen mehrere Millionen Jahre.

Doch irgendwann begannen sie, zu erwachen.

Niemand weiß genau, wann ihre Entwicklung begann umzuschlagen,

wie es zur Intelligenzwerdung kam,

in welchem Zeitalter die Art der Reptilio-Sapiens auftauchte.

Neuere Forschungen haben ergeben, dass in dieser Zeit die vorherrschende Durchschnittstemperatur eher dem heutigen feucht-warmen Klima entsprach.

Artenforscher entdeckten in den letzten Jahren, in verschütteten Höhlen und Steinbrüchen, skelettierte Reste, mumifizierte Leichen unserer Vorfahren.

Im Gegensatz zu Funden jüngeren Datums konnten diese Wesen schon aufrecht gehen und besaßen (bewiesen durch die Untersuchung der Kiefer und Rachen) die Fähigkeit Laute zu bilden, die einer Sprache nahe kamen.

Man vermutet, dass unsere Vorfahren entdeckten, das diese offenen Höhlen vor Regen, Sturm und Fressfeinden schützten.

Nahrungsmittel konnten dort gelagert werden.

Paarung, sprich Vermehrung, konnte stattfinden, ohne das man Angst haben musste in dieser heiklen Situation selber zum Futter zu werden.

Die daraus hervorgegangene Brut würde viel sicherer und beschützter aus den Eiern kriechen.

Doch die revolutionärste Entdeckung des Reptilio-Sapiens war – das Feuer!

Das Feuer gab Wärme, gab Licht, machte Nahrung verdaulicher und durch die Garung von Fleisch wurde auch dieses Lebensmittel haltbarer und keimfreier.

Feuer erhellte die Nacht, vertrieb unangenehme Insekten und Feinde, die nicht gesehen werden wollten.

Kurz und gut, der Reptilio-Sapiens hat der Zähmung dieser Naturkraft ein Großteil seiner Intelligenzwerdung zu verdanken.

Er glaubte an sich, als ein von der Evolution auserwähltes Volk.

Er war noch immer nicht erwacht, noch immer der schlafende Riese.

Er glaubte wirklich, die Naturkraft Feuer in all ihren Ausprägungen gezähmt zu haben.
Welch ein fataler Irrtum.

Albert Mrozinski fotografierte

zu SCHLAFENDE RIESEN …

„Bussard - Greifvogel. In den Kämpen Baumberg-Urdenbach".
Copyright by Albert Mrozinski, 2017

Was Körper und Geist mit dem Niedergang der Menschheit zu tun haben …

Ewiges Feuer!

Neuronales Feuer, biologisches Standby.

1500 Gramm Persönlichkeit.

Ein Klumpen von drei Pfund Nervengewebe.

Körper – Träger der Seele?

Beides kann nicht ohne den Anderen.

Der Körper schützt das Hirn und die Organe,

pumpt das Blut durch die Venen

zum Zentralorgan Hirn.

Das wiederum den Körper am Laufen hält,

Bedürfnisse weckt wie Essen, Trinken, Schlaf.

Der hochorganisierte Organismus

namens Homo Sapiens muss erhalten werden.

Körper und Hirn bedingen einander.

Beide brauchen Training und Futter,

vollwertiges Futter.

Pommes, Mayo, Hamburger, Kola als Hauptnahrung
tragen nicht viel dazu bei.
Marktschreierische Blutblätter,
dümmliche Fernsehprogramme
schützen nicht vor Fremdenhass und Brandstiftern.
Angst vor Überfremdung, vor Andersdenkenden,
vor Anderslebenden, vor Artenvielfalt,
schützt den Geist nicht vor Stagnation,
vor Stillstand und Ausrottung.
Doch nur Wenige, scheinen das Heutzutage noch zu
wissen.
Den Zeigefinger gekrümmt, den Blick gesenkt
laufen wir in ein Zeitalter des reinen Funktionierens.
Fast Food für den Geist ist wieder in.
Die damit angefüllten Hirne, werden davon
so löchrig, so porös,
dass die Dummheit aus den Hirnen austritt.
Das jeder Gedanke aus den Hirnen austritt.
Auch die wenigen Guten.
Und während diese bedauernswerten Hüllen jedem
Rattenfänger nachlaufen, nachplappern, ballt sich im

Weltenraum ein eiskalter schmutziger Schneeball

aus Dummheit und Arroganz zusammen,

rast auf die Sonne zu,

wird von ihr angewidert wieder zurückgeschleudert,

rast auf die Erde zu – und

vernichtet in einer gewaltigen Detonation,

dass aus dem er entstanden ist,

aber leider auch alles Andere.

Dummheit ist eben dumm!

Lasst es nicht so weit kommen.

Nährt euren Körper nachhaltig.

Nährt euren Geist mit Friedenswillen,

mit bunter Vielfalt,

mit Verständnis,

einfach mit Menschlichkeit.

Dann werdet ihr alles erhalten.

Geist, Körper, Menschheit.

Die Erde und der Rest der Natur, brauchen uns nicht.

Doch wir brauchen die Erde,

wir brauchen die Menschheit.

Denn wir bedingen einander.

Albert Mrozinski fotografierte

zu WAS KÖRPER UND GEIST …

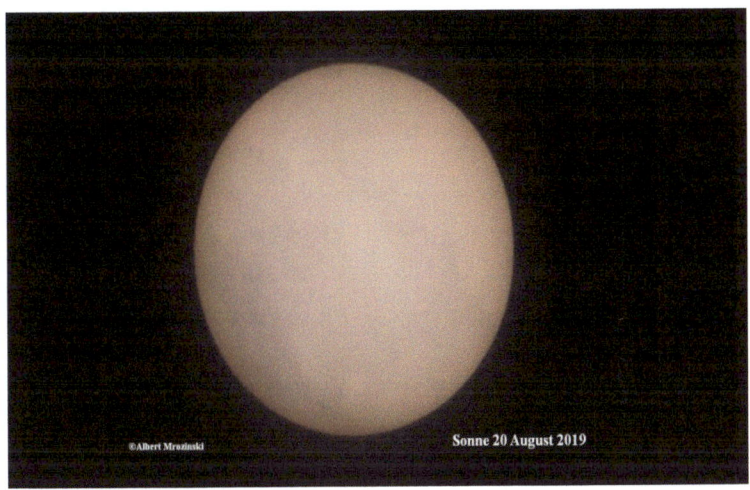

"Sonne". Copyright by Albert Mrozinski, 2019

Kay Ganahl

Drei
Werke
zur
Freiheit
und
Unfreiheit

Prosaminiaturen

Mit neuen Bildern Kay Ganahls

Fels Babel -

Traktat über die Unfreiheit

Keine leere Versprechung: *Aus der Nacht wird der Tag, mit einem Mal. Die Freiheit ist dann nicht nur so ein Wort, welches man schnell im Munde führt.*

Wir denken diesen Fels Babel

Immer gibt es einen bestimmten Ort der Gewissheit, der viele Ungewissheiten, Unwägbarkeiten und eben auch als selbstverständlich gesehene Unfreiheiten entstehen lässt. Unseren Ort nennen wir hier und heute **Fels Babel**. Wir sind auf ihm zuhause. Es ist hier sehr hart zu leben, aber dieser Fels befindet sich inzwischen auch in einem sehr langsamen, unauffälligen Schmelzprozess.

Bleibt er uns doch noch recht lange erhalten? Das kann kein Mensch wirklich wissen, es wäre möglich.

Unfreiheit im normalen Leben

Die Unfreiheit ist es, die uns umgibt und durchdringt.

Und es ist ja nicht einfach so, dass jeder sich sein soziales Umfeld aussuchen kann.

Auch und gerade das Wohnen, etwas ganz Selbstverständliches, basiert darauf, genügend Geld für die freie Auswahl haben zu sollen …, doch es reicht eben nicht immer … geraten womöglich dorthin, wo es uns gar nicht gefällt!

Auch die Menschen, die mit uns zusammen sein wollen, reichen uns durchaus nicht immer! Oder aber umgekehrt: Wir sind für sie eine Zumutung. Freunde zu bekommen ist alles andere als einfach. Vertrauen zwischen Menschen muss geradezu mühsam erworben werden. Feindseligkeiten zu verhindern, ist eine echte Herausforderung im Alltagsleben.

Nie ist genug vorhanden, um das in jeder Hinsicht praktisch Bestmögliche zu erwerben - an Geld mangelt es eigentlich immer. Deshalb ist die einträgliche Arbeit so wichtig. Sie führt aber zu Abhängigkeiten und zu der Illusion, sich von den konkreten Lebensbedingungen der Gegenwart befreien zu können - !

Das, was wir normales Leben nennen, erweist sich als völlig durchdrungen von Unfreiheit.

Geld - Leben

Das Geld ist die Krux, es beherrscht das ganze Denken, Verhalten und Handeln. Von wegen frei sein!? Keiner ist jemals frei gewesen - gerade auch, so lange es Geld gibt! Es suggeriert geradezu Freiheit, die praktischen Möglichkeiten und Realitäten, als Individuum in der Gesellschaft frei zu sein! Darin liegt eine seiner wichtigsten Funktionen. Das ist eine reine Täuschungsfunktion.

Wir malen uns gern ein Leben ohne Geld aus, aber dazu gehört sehr viel Fantasie. Ohne Zahlungsmittel leben? Wie soll das konkret aussehen?

Leben in Abhängigkeiten … Veränderung

Unfreiheit entwickelt sich aus den Abhängigkeiten, die Politik, Gesellschaft und Wirtschaft mit sich bringen, um in ihren Zusammenhängen materiell leben, über-leben zu können. Diese Abhängigkeiten werden von Menschen erzeugt und gestaltet und geführt, die davon Vorteile haben. Sie setzen sich bis in die kleinsten und einfachsten Strukturen in der Gesellschaft fort, werden „weitergetragen".

Stets ist der Blick auf diese Lebenswahrheit weitgehend verstellt!

In Kunst und Kultur gibt es einige Freiräume, in denen die Freiheit des Fühlens und Denkens hin zu Neuartigem, Abseitigem, Fantasievollem, zumal zu den Lebenswahrheiten, gerade auch fundamentalen

Erkenntnissen über Leben, Geschichte und Gesellschaft, existieren kann. Dies ist die Freiheit, die wenigstens im Kopf aus den Abhängigkeiten herausführt.

Es handelt sich dabei unzweifelhaft um eine Veränderung, um viele Veränderungen, die tatsächlich im Rahmen des Möglichen liegen.

Ein ziemlich grässliches Netz der Unfreiheit kann gerissen werden - !

Zwei

Siehst Du mich? Erkennst Du mich? Ich lebe nicht wie Du, bin gar nicht wie Du. Wir sind grundverschieden. Und zwischen uns wird sich nichts ergeben. Du bist die Wand, vor die ich immer wieder renne. Du bist die sinnlose Leere, die mir entgegenstürzt als nichts, was wichtig sein könnte.

Soziales Umfeld - Ein Leben unter psychischem Druck

Wer um mich herum ist, ist allzu oft eher unbestimmt: Die Gesichter kommen und gehen, es ist ein Wechselbad der Sympathie und Antipathie. Klar, ich bin. Klar ich denke, dass ich auch etwas anders sein könnte, - Veränderungen erkannt und als nötig erachtet werden könnten.

Leer bin ich ja nicht. Aber: Leer sind *wir* VIELLEICHT, leer sind allerdings bestimmt die Anderen. Sie geben uns offensichtlich sehr gern das Gefühl, dass wir unwichtig, unbedeutend, blöde, idiotisch, tölpelhaft sind. Wir! Doch nicht wir!? Oh doch: Darin sind sie eifrig! Sie umgeben uns mit ihrem versteckten, kaum erkennbaren Groll gegen uns. Das ist pure Ablehnung, ja Feindseligkeit.

Ihre Blicke können töten!

Sie zeigen sich denn auch nicht selten offen im hellen Glanze ihrer Selbstgerechtigkeit, die sie als berechtigt darstellen! Sie verweisen auf Errungenschaften - persönlich, beruflich - , die sie angeblich verdient haben! Ständig üben sie Druck auf uns aus, sind eine Bedrohung schon durch ihr Konkurrenzverhalten. Besonders lebendig findet es in der Wirtschaft statt.

Doch wir unken nur noch, wenn auch nicht offen und laut.

Überwachung

Technisch hochwertige Apparaturen, Bürger zu überwachen, haben überall Einzug gehalten. Das geht alles unter dem Schleier des selbstverständlich Alltäglichen vor sich. Die Apparaturen sind teilweise auf dem Markt frei erhältlich. Niemand ist vor dieser Form der technischen Überwachung, die ganz unsichtbar ist, sicher! Überall und nirgends ...

Scheinbar leben alle Menschen in der bürgerlichen Freiheit, haben ihre staatsbürgerlichen Rechte und Pflichten. Dieser Schein ist natürlich nicht die wünschenswerte, akzeptable Realität des gesellschaftlichen Lebens.

Geheimdienstliche Aktivität schließt den personellen Einsatz im Rahmen des gesellschaftlich Normalen nicht aus. „Überwacher" zeichnen sich besonders dadurch aus, völlig normal auf die Mitbürger zu wirken. Sie sind gänzlich unauffällig.

Sich dieses letztbeschriebenen Zusammenhangs bewusst zu sein, bedeutet, dass ein Mensch sich garantiert nur noch unfrei fühlt - die Parallelwelt der Schattenmenschen ständig um sich weiß, vielleicht sogar in sich selbst.

Die Aufenthalte

Hier, Aufenthalt, hier, nirgends sonst; es geht nichts, bin nur immer hier. Schrecklich: Das ist der ödeste Ort der Orte. Hier sollte niemand leben müssen, aber es ist einfach der Fall. Ein Immer-Aufenthalt!

Dort, Aufenthalt, dort, gewiss immer dort, sonst nirgends! Dennoch geht nichts wirklich vorwärts. Die Schattenmenschen zu überwinden ist ein Ding der

Unmöglichkeit. Unfreiheit ist die Folie, die auf uns allen liegt. Sie kann man wohl kaum loswerden!

Niemals ein Anderer, nirgends ein Anderswo, das möglich wäre!

In mir ein Ich gesehen!

Es ist mein Ich, ich bin auf mich allein gestellt - ein einziges nach innen und außen nacktes Ich, das nicht anders kann. Dieses Ich ist ein Gefängnis, aus dem es kein Entkommen geben kann. Die Erziehungsleistung war entsprechend. „Das ist alles nun einmal so!"

Die Zukunft wurde als Reich der schönen Möglichkeiten vorhergesagt. Positiv.

„Alles wird gut werden!" So hieß es allenthalben.

Gesetz sei Gesetz!

Die Vielzahl der Gesetze ist ohne Zweifel auch die bunte Vielzahl von Begrenzungen des Handelns und Verhaltens schlechthin. Diese Begrenzungen sind bekanntermaßen unüberschreitbar. Strafen drohen. Im Grunde ist das individuelle und kollektive, das offene, öffentliche, doch auch das private Leben in der Gesellschaft nur ein Beachten von gültigen Gesetzen, soweit sie bekannt sind.

Es gibt keine Freiheit - nur diese gewisse Unfreiheit, die von den Autoritäten des Staates, der Gesellschaft, Wirtschaft etc. als Freiheit ausgegeben wird. Sie nimmt viele verschiedene, oft recht interessante Formen an. Sie als das, was sie sind, zu entdecken, ist gar nicht so einfach.

Dafür braucht es des Bewusstseins darüber, dass heute Freiheit nur ein schönes Wort ist!

Kay Ganahl

Babels Unfreiheit I

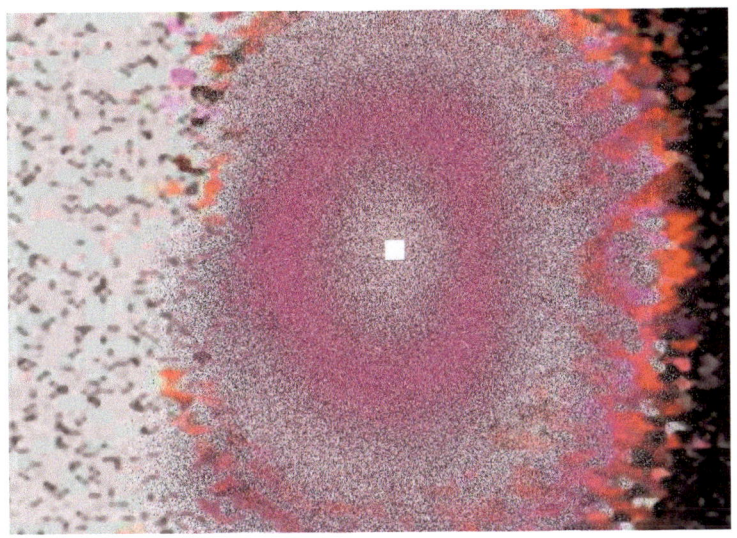

Kay Ganahl

Babels Unfreiheit II

Freiheit und Humanum

Prosaminiaturen

Wir fühlen uns frei, denken es. Und wir sind vielleicht ja wirklich auch genau die Menschen, die wir gerade sein wollen. Hier. Im Jetzt, aber auch im Morgen. Nichtsdestotrotz ist Freiheit problematisch. Sie fordert bezüglich ihrer Umsetzung in die real gegebenen Verhältnisse in Staat und Gesellschaft, auch Wirtschaft, massiv zum Hinterfragen auf!

Freiheit i s t. Der real existierende Staat bzw. seine führenden Repräsentanten - wir kennen das aus unserem erlebbaren „normalen" Alltag - bezeichnen Freiheit als etwas, das es gebe. Ja, es sei einfach selbstverständlich gegeben. Aber natürlich: Dies ist besonders zu hinterfragen!

In welcher Freiheit leben wir denn überhaupt?

Verfassungsrechtlich garantiert werden Freiheits-
rechte. Dies sind aber bloß in Gesetzbücher ge-
presste freiheitliche *Rechte*, die im Umgang der
Menschen miteinander zur Geltung kommen können.

Ohne Weiteres zu verwerfen sind sie allenthalben
nicht.

ICH BIN ICH. Aber es gibt ja auch die Anderen. Sie
leben dort, wo ich auch lebe. Es ist dieselbe Gesellschaftsordnung. Und sie leben mit dem gleichen
moralischen und ethischen und juristischen Recht
wie ICH. Sie leben mit den einzelnen „verbrieften
Rechten" - mit mir, gegen mich, für mich.

**Philosophisch-abstraktes Zukunftsziel: Huma-
num.** Freiheit hat als die wichtigste Voraussetzung
zur Erreichung des Humanum zu gelten, worin der
einzelne Mensch die höchste Erfüllung finden kann.

Es ist zu fragen, ob dies überhaupt im Wege des Ausbaus und auch des Erhalts von Persönlichkeitsrechten erfolgen kann. Das Humanum ist ein reales Ziel als Endzustand - dies auf philosophischer Gedankenbasis. Es darf im Rahmen eines linearen Prozesses in der Geschichte der Menschheit als theoretisch und vielleicht auch praktisch erreichbar gelten.

Erfüllung ist kein absurder, realitätsfremder Begriff, der der Lächerlichkeit preisgegeben werden darf. Sie ist jeglicher Inhalt, den ein Mensch als eine Art persönliche Vollendung, zumindest eine Vollendbarkeit in sich selbst wissen kann. Er kann diese Erfüllung in sich selbst zu erkennen versuchen, wofür Reflexionsarbeit zu leisten ist.

Der Moment I. Ist es an der Zeit? Das ist es gewiss. Zu was ist es an der Zeit? Wir wissen um das Humanum als Zielprojektion!

Freiheit ist nicht nur ein Wort! Und Erfüllung soll ein subjektiv voll Erfahrbares werden. Das Humanum ruft, ganz ohne Pathos oder Naivität.

Niemand soll den Eindruck erhalten, bloß auf die Folter gespannt zu werden. Der Wartestand muss kurz sein. Progress ist stets erforderlich. Erfüllung darf nicht in der Begrifflichkeit steckenbleiben!

Psychologische Ablenkungsmanöver werden erkannt und möglichst beiseitegeschoben. Manch als Problem Erkanntes, aber auch die unnötigen Rätselaufgaben im gesellschaftlichen Alltagsleben, dienen nicht dazu, Erkenntnisgewinnung erfolgreich zu betreiben; Klarheit muss her! Abgelenkt wird der Einzelne besonders durch die Verführungen, die der Alltag mit seinen kleinen Vergünstigungen und Nettigkeiten bereithält. Der Einzelne sucht allzu oft vor allem nach seinem Vorteil. Eine sich in der Gesellschaft, im Allgemeinen derselben, breitmachende Unvernunft sollte besser kaum beachtet werden! Freiheit im Hinblick auf das Humanum als Ziel muss stets im kollektiven Bewusstsein lebendig bleiben!

Der Moment II: Die Zeit ist - so gesehen, so verstanden - durchaus dafür reif, mit dem Freiheitsgedanken im psychischen Gepäck diverse Perspektiven und sogar konkrete Pläne zu entwerfen, die Möglichkeiten zum Entwickeln des Besseren aus dem Schlechteren offenbaren. Daher bedarf es einer gewissen, am Progress orientierten politischen Ernsthaftigkeit des Reflektierens und des Handelns.

Es sollte auch voll bewusst und gezielt gegen das herrschende Norm Werk in seiner ganzen Komplexität gehandelt werden können, ohne gegen die geltende Gesetzgebung zu verstoßen.

Wichtig ist in diesem Zusammenhang die Erkenntnis:

Die Zeit ergießt sich nicht einfach in die Unendlichkeit. Eine solche als überaus Weiches, Unverbindliches, auch eben Unverständliches angesehene Zeit würde zunächst nicht mehr als eine Hemmung bedeuten. Fakt ist: In die Zeit eingebettet, verändert sich die Ordnung der Gesellschaft. Im Laufe der

Zeit verändern sich die Bedingungen zum Entscheiden und Handeln. Politische Organisation bedarf der Klarheit darüber, dass nicht ohne die Konkretheit der Zielprojektion/des Einzelnen diverse konkrete Perspektiven mit potenziellen Möglichkeiten auftauchen können.

Die Freiheit kann „benutzt" werden! Wahrlich, sie ist das Vehikel zur Erreichung des Humanum - - -

Alles Sich-Entwickeln ist eine Hoffnung für die gepeinigte Allgemeinheit, die die Sorgen um die Zukunft tragen will, aber nicht tragen kann, weil nur Individuen dazu in der Lage sein können. Sorgen um die Zukunft? Einige Individuen sind durchgeistigt, willensmächtig, entschlossen und dynamisch. Sie haben die Möglichkeit, den Sinn des Lebens (bzw. die unterschiedlichen Sinninhalte, die über den Globus verteilt sind!) sofern es ihn gibt, annäherungsweise zu verstehen. Sie können ihm näher rücken: Es geht dabei zumindest um das theoretische Verstehen-Können und Verstehen-Sollen. Tolerant zu sein ist dabei wichtig. Auch offensichtlich Feindselige dürfen als Personen und Träger von Ideen nicht verachtet, verhöhnt, verdammt werden. Oder Schlimmeres!

Wider das Humanum: Kontrolle. Ziemlich sicher ist, dass alle Formen von Kontrolle, der Personen unterworfen sind, insbesondere durch technische Hilfsmittel, jedem Freiheitsbegriff und jeder Freiheitspraxis widersprechen - jeglichen praktischen Ausformungen der Freiheit.

Entscheiden und Handeln angesichts der tatsächlichen Verortung eines Individuums innerhalb einer Gesellschaftsordnung, wäre angesichts von verschiedensten Kontrollfunktionen kaum noch oder gar keine Freiheit mehr.

Wider das Humanum: Unterdrückung. Jede Methode und Form der praktischen Ausübung von Kontrolle - auch und gerade mittels Überwachungstechnik - verfolgt mehr oder weniger unterdrückerische Absichten, die staatlich und privat von (polizeilichen und geheimdienstlichen) Organisationen mit großer, weitreichender Macht ausformuliert werden.

Unterdrückerische Methoden generieren sich aus Begründungszusammenhängen, welche aus den Räumen des Politischen, Gesellschaftlichen und Wirtschaftlichen mit unterschiedlichen Herrschaftsbeziehungen und Hierarchien kommen. Es geht letzten Endes besonders um die Erreichung von möglichst vielen materiellen Vorteilen in Bereichen der Wirtschaft, wo soziale und moralische Erwägungen zweitrangig sind, oder wo sie gar keine Rolle spielen dürfen.

Deswegen ist kontrollierte Freiheit mehr als bedenklich, bedarf sowieso einer fundierten Begründung aus Moral, Ethik und Recht.

Jedes Herrschen-Wollen, ob von Einzelnen herrührend oder von verschiedenen Kollektiven, muss auf seine strenge Eingrenzung hin kritisch und kreativ befragt werden.

Konkret-tatsächliche Unterdrückung des Einzelnen ist sehr zweifelhaft, wird nicht als ein Erforderliches, Notwendiges, Unabdingbares gesehen, wiewohl durch pragmatisches Denken jedwedes Unterdrücken stets auch erheblich abgemildert werden kann. Alle Formen der politischen Herrschaft - demokratisch-repräsentativ oder nicht - müssen sehr streng und äußerst gewissenhaft auf Logik und humanistische Fundierung hin hinterfragt werden! Mehrheitsentscheidungen sind vom Prinzip her nicht per se als „richtig" und „gut" zu bewerten.

Pragmatismus, um mit der Realität zurechtzukommen: Pragmatisches Denken und Handeln können als Möglichkeiten politischer Praxis gelten, die durch bloßes Handeln-wollen oft viel zu schlicht ausfällt. Auch bloßes Denken-wollen ist unpassend: Die Freiheit ist in diesem Fall eher wenig wert, weil sie nicht in der Komplexität der Gesellschaftspraxis und politischen Praxis wahrgenommen werden kann.

Ohne Freiheit: Ich kann nicht vor, nicht zurück. Eine Flucht ist unmöglich. Die hohen Mauern ringsherum, wild errichtet, brennen auch schon! Flammende Bilder des Chaos haben mich erfasst …! Das ist die totale Unfreiheit, aus ihr kann kein Mensch flüchten!

Das ist das, was ich sehe, fühle, durch und durch erfahren muss. Meine Sinne sind davon ganz gefangen. Mein ICH ist ein ICH in Haft! Das ist einfach so. Eingesperrt in das real Gegebene ist die Freiheit, wie ich sie meine. Es bleibt nur die vage Hoffnung.

Was wir tun, tun wir eben (noch) nicht in Freiheit. So mancher glaubt jedoch fest daran, frei zu sein und frei zu handeln, zu tun: Er verfügt lediglich über das Bewusstsein der Freiheit, des frei seins, das jedoch dreist getäuscht wird.

Kay Ganahl

Ja. Humanum, 1

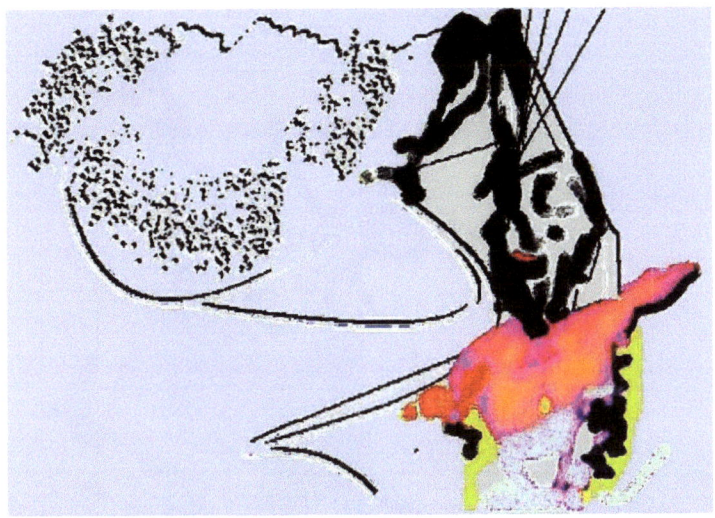

Kay Ganahl

Ja. Humanum, 2

Friedlich, frei und gut

Prosaminiaturen in philosophischer Absicht

Ist das etwa Gesellschaftssatire?

Erstens

Was von DIR von MIR gewollt wird, wird von vielen anderen Menschen auch gewollt?

Das ist immer schwer zu sagen, es sei denn, man verlässt sich auf die Meinungsforschung. Auch dann wird gern alles bestritten, umgedeutet, anders gewertet, bewertet ... abgewertet. Dies ist so, als wäre genau dies der Sinn der „freien demokratischen Gesellschaft".

Begeben wir uns auf das philosophische Terrain ..., in dem das realistische Denken und Fühlen noch eine entscheidende Rolle spielt, der Mensch es ist, um den es wirklich geht.

Zweitens

*Wer hier **bei uns** ist, möchte in Frieden und Freiheit leben*, seine Zeit nicht vertrödeln mit Gerede, mit leeren Worten; nicht mit einem Tun, was im Grunde sinnlos ist. Betriebsamkeit sollte nur bestimmte Zwecke, die auch sinnhaltig sind, erfüllen. Im wahrsten Sinne des Wortes ist die Erfüllung das, worum es gehen soll. Soll!

Es darf ja eben! Aber soll es das in den Augen der Anderen auch wirklich?

Sie haben andere, vielleicht befremdliche Ideen, Meinungen, Neigungen und Absichten. Ihre Ziele: Keine Ahnung, sofern sie sie nicht verständlich kommunizieren. Feindseligkeiten gibt es. Freundliche Zuwendung … ? Nun ja. Auch sie gibt es.

Drittens

Die Leere des Daseins, die es nun einmal unzweifelhaft in der Wahrnehmung von vielen Zeitgenossen gibt, darf einen Menschen durchaus nicht „erfüllen oder ausfüllen" - tragisch wäre dies nämlich.
Wie könnte dies Menschen gut tun?! Sie wären in
sich selber verloren, ganz überantwortet der Leere,
in der sie sich - mit ihrer Identität - gar nicht mehr
wiederfinden könnten.

Dagegen gilt es, sich zu wappnen. Mit Klugheit als
der großen Macht, auf die es im Leben vermutlich
am meisten ankommt!

Viertens

Besonders der Drang nach Wissen, die Bildung
auch, sind dabei mehr als nur hilfreich! Man er-
kenne sich selbst und die Anderen - ! Das Erkennen
können setzt voraus, dass jemand ein höheres Bil-
dungsniveau hat. Bauernschläue ist das den Sim-
peln als positiv Zugemessene. Sie müssen schnell

scheitern - an sich selber! Verlorene im Meer der Nichtigkeiten …

Die Klugheit ist das Bollwerk gegen die Einfachheit von Erklärungen, Definitionen, - allen erschreckend dummen Schemata der Menschen, die sich gegen Gebildete zur Wehr setzen wollen.

Erkennen bedeutet eben das häufige selbstkritische Nachdenken über das eigene Dasein und das kritische Nachdenken über die Anderen. Das funktionierende Gewissen, sich um das eigene Selbstbewusstsein gekümmert zu haben, lässt einen Arroganz vermeiden. Die wäre durchaus sozial „tödlich"!

*Wer hier **bei uns** ist, ist nicht von selbst ein Jemand.* Falls er dies einfach so annähme, könnte er schnell leer ausgehen und tragisch enden. Der Jemand ist nicht nur ein Wort, sondern ein Wille und ein Sein, ein Selbstsein.

Fünftens

Vor allem sollten sich Menschen nicht bekriegen - im weitesten Sinne, vor allem aber im Sinne von Gewaltausübung! Frieden als Gewaltlosigkeit scheint tatsächlich in der Gegenwartsgesellschaft Mitteleuropas und anderen Teilen der Welt weitgehend gegeben zu sein.

Und Freiheit - in welcher konkreten Ausformung auch immer - zeigt in der politischen, sozialen und wirtschaftlichen Gegenwart, jedenfalls bei uns im Land, das eine oder andere als akzeptabel zu Bewertende. Bei der Erziehung zum „Staatsbürger" ging und geht es darum, Mensch und Mitmensch zu sein, um nicht allzu sehr den Mitmenschen zu schaden …

Der Friede ist allerdings mehr als nur Freiheit von Gewalt, das Nicht-Vorhandensein derselben - und übrigens auch mehr als nur friedliches Miteinander ohne zu viele Konflikte und Krisen, die immer lösbar zu sein scheinen!

Der hier angezielte *wahre totale Friede* kann einen allgemeinen Zustand der großen Harmonie bedeuten. Es geht um fundamentale, zielorientierte Veränderungen in der Gesellschaft: Die Zielprojektion „Zustand der großen Harmonie - Humanum" darf keine vage, inhaltsleere, schon gar keine sinnlose Projektion in die Zukunft sein!

Wobei klar sein muss, dass diese „Größe" sehr schwer en Detail bestimmbar ist. Wir können uns gegenseitig bei der Realisierung dieser Harmonie Zeit gewähren, aber nicht zu viel. Diese Realisierung ist das größte aller möglichen Probleme, die theoretisch vorstellbar sind. Und: Nur keine Auseinandersetzungen, die Menschen gefährden könnten! Aber eben auch kein bloßes Mitmachen ist gefragt.

Wahrscheinlich muss jeder auf Wegen gehen, die Hindernisse aufweisen und die überwunden werden müssen. Ganz unterschiedlich sind die persönlichen Voraussetzungen, sie zu überwinden. Leider: Es wird oft daran gearbeitet, alles noch unüberwindlicher zu gestalten. Das bewirken die Blockierer, die

Interessenten am Bestehenden, die Veränderungen für gefährlich halten - jedenfalls bestimmte, die sie nicht kontrollieren, zumindest steuern können. Wer sie sind … !? --- Der Zielprojektion wesentlich näher zu kommen, sie gar zu erreichen, kann schnell gehen, aber nun einmal nicht in einem einzigen Ruck oder in einem schnellen Durchlauf. Jedenfalls dürfte der „Freiheitsfrieden im ‚Zustand der großen Harmonie'" erreichbar sein.

Wäre dieser Zustand als ein Wunder anzusehen? Nun denn, Wunder gibt es keine, auch wenn es gerne behauptet wird. Sicher nicht von wissenschaftlich gebildeten Zeitgenossen, die sich überwiegend darin befleißigen, die Zeit und das, was sie umgibt, mit analytischen Gedankengängen zu sehen und geistig analytisch zu verarbeiten, weil sie es in der Jugend so gelernt haben.

Sechstens

Nicht jeder Mensch, jedoch sehr viele Menschen streben nach Erfolg im Leben. Es gibt materielle Erfordernisse, um leben zu können.

Lange kann man nicht mehr überlegen, es ist wichtig, den Überblick zu behalten und klar zu sehen. Entscheidungen müssen getroffen werden. Fragen: Welcher Erfolg wäre denn objektiv wünschenswert? Der Erfolg, der das bestmögliche materielle Fundament garantiert?

So mancher braucht zumindest das Gefühl des Erfolges, um sich überhaupt einigermaßen gut zu fühlen, gut und sicher.

Wer sich im Rahmen einer modernen Zivilisation bewegt, braucht von daher mehr oder weniger die Geschäfte! Sie durchzuführen, beansprucht allerdings auch ein Übermaß an Zeit, Ideen, Initiativen und Kompetenzen. Menschen, die Geschäfte aus irgendwelchen Gründen nicht betreiben können,

schließen sich denen an, die eben dies gemäß ihren persönlichen Haltungen, Einstellungen, Fähigkeiten, Interessen und Zielen können.

Kay Ganahl

Friedvolle Welt EINS

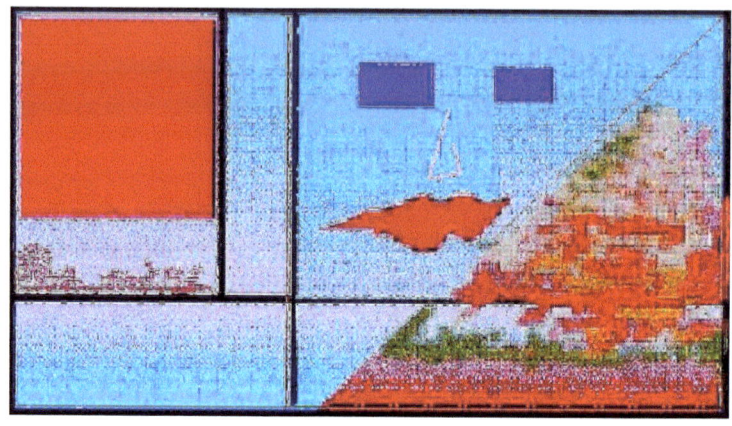

Kay Ganahl

Friedvolle Welt ZWEI

Kay Ganahl

Friedvolle Welt. Freiheitsdomäne

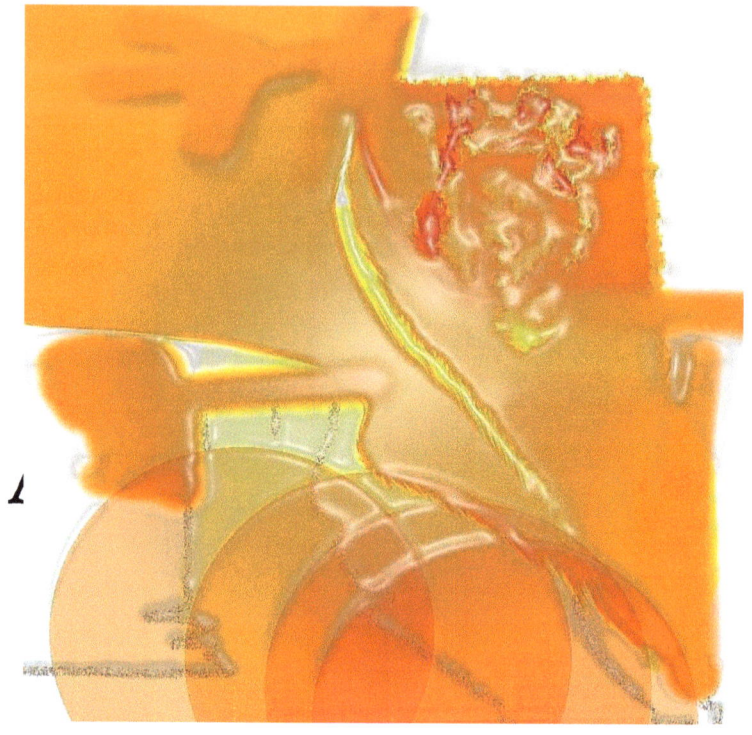

Anhang

Vita der Autorin und des Autors

Ute Mrozinski

„Ich wurde 1961 in Düsseldorf ge-
boren, bin verheiratet und lebe
seit 1978 in Monheim am Rhein.
Hauptberuflich bin ich Altenpflegerin, aber auch frei-
schaffende Autorin.

Ich schreibe Fantasy und Science-Fiction, zudem
Psychothriller. Meine Romane veröffentliche ich
mittlerweile über BoD. Sie sind über den örtlichen
Buchhandel und über die üblichen Online-Shops zu
bestellen. Meine Texte sind hoffentlich so, wie ich
sie selber gerne lese: poetisch, spannend, engagiert." Ute Mrozinski

Mitglied im Freien Deutschen Autorenverband, Landesverband Nordrhein-Westfalen

Letzte Buchveröffentlichungen: 1. Nur ein ferner dunkler Traum (Psychothriller). 2: Aufstand der Wölfe (Fantasythriller).

Web:

www.foto-literatur-planet.eu

Kay Ganahl

Jahrgang 1963, Diplom-Sozialwissenschaftler, Schriftsteller. Kommunikationsbeauftragter im Freien Deutschen Autorenverband/NRW. Gründungsmitglied der Solinger Autorenrunde.

Schreibt vorwiegend gesellschafts- und zeitkritisch: Lyrik, Kurzprosa, Kurzgeschichten, Erzählungen, Romane und Stücke. Wissenschaftliche Studien.

Aktiv als Herausgeber von Büchern. Seit Jahren tätig als Organisator und Moderator von literarischen Veranstaltungen.

Künstlerische Arbeiten. Auch Fotografie.

Letzte Buchveröffentlichungen: „Blicke auf Literatur und Leben" (2018, auch Herausgeber), Shaker Media; „Feld der letzten Ernte. Anthologie" (2018), Herzsprung Verlag; „Henrys Wendejahre. Roman eines Werdegangs" (2019), Grille Verlag.

Web: www.kay-ganahl-selbstverlag.de

www.fda-nrw.de

„Kay Ganahl & Ute Mrozinski im Dialog"

Bleistiftzeichnung von Frauke Ganahl (2019)

Eine Schlussbemerkung

Kurzrückblick

Die Buchveröffentlichung „D e r Gedankenkasten. Prosaminiaturen", die folgende Leseveranstaltung und die Nachbearbeitung dieses gedruckten Werkes in Form eines neu erarbeiteten Buches konnten mit großem Engagement eher zügig „erledigt" werden. Es hat uns, besonders mir, viel Freude bereitet.

Das lag wohl daran, dass kompetentes und freundliches Zusammenwirken und sowieso Engagement und Kreativität in der Gruppe selbstverständlich in die Arbeit am neuen Buch einflossen. Dazu kam auch: Niemand erinnerte uns an vermeintliche Erfordernisse von Marketing, Werbung, auch Vertrieb, von einem Verlag ausgehend - und an zu erreichende Verkaufszahlen! Es gab keinen Druck, keine „freundliche Erinnerung" an die Erbringung von einer bestimmten, möglichst hohen Leistung in diesem oder jenem Bereich. Freiheit gab es hingegen durchaus, davon auch ziemlich viel. Wer kreativ sein will, braucht sein höchst eigenes Können und Wollen. Wege. Ziele. Dass Kreative den Druck von oben unbedingt brauchen, ist bloß eine Legende …

Ganzheitlich wurde gedacht, als dieses neue Buchprojekt in Angriff genommen wurde. Das gab es: Die Kette, die geknüpft wurde, um eine Art Gesamtkunstwerk zu schaffen - und zu dokumentieren! Der Bezug zum Nachhaltigkeitsgedanken war wichtig!

Es liegt alles geordnet vor, aber eben durch neu Geschaffenes stark erweitert.

De facto hat es der Leser mit einem Sekundärwerk als auch mit einem Primärwerk zu tun gehabt!

Kay Ganahl

Freunde der Bibliothek Monheim am Rhein e.V.

Das Buch „Der Gedankenkasten. Philosophie im Dialog: Prosaminiaturen und Bilder" wurde von *ProLiteratur*, Monheim am Rhein e. V. gefördert.